LA VIDA SECRETA DEL YETI

de Benjamin Harper

CAPSTONE PRESS
a capstone imprint

Publicado por Capstone Press, una impresión de Capstone
1710 Roe Crest Drive, North Mankato, Minnesota 56003
capstonepub.com

Copyright © 2026 de Capstone. Todos los derechos reservados. Ninguna parte de esta publicación puede ser reproducida ni total ni parcialmente, ni almacenada en un sistema de recuperación, ni transmitida de ninguna forma o por ningún medio, ya sea electrónico, mecánico, fotocopia, grabación o de otro tipo. sin la autorización escrita de la casa editorial.

Los datos de catalogación previos a la publicación se encuentran disponibles en el sitio web de la Biblioteca del Congreso
ISBN 9798875236693 (tapa dura)
ISBN 9798875236648 (tapa blanda)
ISBN 9798875236655 (PDF libro electrónico)

Créditos editoriales
Editora: Abby Huff
Diseñadora: Heidi Thompson
Investigadoras de medios: Jo Miller
Especialista en producción: Tori Abraham

Resumen: Durante miles de años, la gente ha contado historias sobre el yeti, una criatura peluda que habita en las montañas nevadas del sudeste asiático. Los lectores pueden aprender los sorprendentes detalles detrás de esta leyenda del Himalaya.

Créditos fotográficos
Alamy: BFA, 29, Chronicle, 21, Classic Image, 11, Dale O'Dell, 27, Historic Collection, 13, Jeff Morgan 16, 24 (portrait); Getty Images: Popperfoto, 19, Royal Geographical Society, 20, VICTOR HABBICK VISIONS/SCIENCE PHOTO LIBRARY, 5; Shutterstock: Brian A Jackson, 12, Cactus Studio, Cover, 28 (Yeti), CloudyStock, 7, 9 (Yeti), Daniel Prudek, 23, e71lena, 17, Insdesign86, 28 (glasses, hat, mustache), Kitnha, 8, luma_art, 22, mmckinneyphotography, 16, Nanisimova, 18, Oakview Studios, 10, Photo Volcano, 9 (mountain), RikoBest, 15, Savvapanf Photo, 24 (hair), V_ctoria, Cover (headphones), Vishnevskiy Vasily, 25, Wanida_Sri, 14
elemento de diseño: Shutterstock: Kues, kelttt

Capstone no mantiene, autoriza ni patrocina los sitios web y recursos adicionales a los que se hace referencia en este libro. Todos los nombres de productos y empresas son marcas comerciales™ o marcas comerciales registradas® de sus respectivos propietarios.

TABLA DE CONTENIDO

Conoce al Yeti... **4**

El misterio de la montaña.. **8**

¿Cómo me llamaste?..**12**

Construyamos un muñeco de nieve **14**

Manía por los yetis.. **20**

En todo el mundo **26**

    Glosario.. **30**

    Sobre El Autor **31**

    Índice... **32**

Las palabras en **negritas** están en el glosario.

CONOCE AL YETI

¿Listo para un día de nieve? Relájate con el **críptido** más genial del mundo. ¡El yeti! Estas **criaturas** peludas viven en las heladas montañas de Asia. Han estado pisando fuerte por ahí durante mucho tiempo. ¡Descubre todo sobre la vida secreta del yeti!

DATO
Los críptidos son animales que algunas personas creen que son reales. Pero la ciencia no puede demostrar con certeza su existencia.

¿LOS AMIGOS DE ESTAS BESTIAS DE LA NIEVE?

¿Ya lo sabes todo sobre los yetis? Acerca del críptido, ¿puedes adivinar su?:

1. ¿Su hogar?

2. ¿Color de pelaje?

3. ¿Largo del pie?

4. ¿Su altura?

5. ¿Cuál es su apodo más famoso?

RESPUESTAS

1. El Himalaya, una cadena montañosa de Asia

2. Marrón

3. De 13 a 32 pulgadas (33 a 81 centímetros)

4. Alrededor de 6 pies (1,80 metros)

5. El **abominable** hombre de las nieves

EL MISTERIO DE LA MONTAÑA

Los yetis no tienen miedo a las alturas. Viven en los nevados Himalayas. Esta cordillera se encuentra en el sur de Asia. Es donde se encuentra el Monte Everest. ¡Es el pico más alto del mundo! ¿Harías una caminata para visitar al yeti?

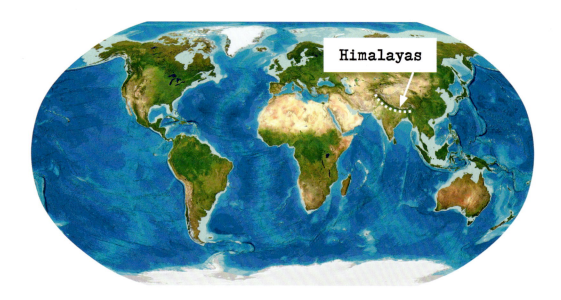

HISTORIAS ANTIGUAS

La gente del Himalaya tiene muchas **leyendas** sobre el yeti. Las historias se remontan a miles de años. En el año 326 a. C., Alejandro Magno condujo a sus ejércitos a lo que hoy es la India. Escuchó hablar de la criatura peluda. Quería verla. ¡No tuvo suerte! Los **lugareños** dijeron que el yeti no podía vivir lejos de su hogar en las alturas.

¿CÓMO ME LLAMASTE?

En 1921, un periodista habló con un grupo británico que escalaba el Himalaya. El grupo había visto huellas extrañas. Los lugareños dijeron que las huellas fueron hechas por metoh-kangmi. Significa aproximadamente "hombre bestia de las nieves". Pero en su artículo, el periodista llamó a la bestia el Abominable Hombre de las Nieves. ¡Desde entonces, ha sido el apodo de los yeti!

DATO
El nuevo nombre y los informes de huellas hicieron que el yeti fuera más conocido en los países occidentales.

los alpinistas británicos

CONSTRUYAMOS UN MUÑECO DE NIEVE

Sabes cómo es un muñeco de nieve normal. Pero, ¿qué pasa con uno abominable? Muchos **testigos** dicen que los yetis no son blancos en absoluto. En cambio, tienen el pelo marrón. El pelaje largo de un yeti lo mantiene caliente durante las caminatas.

¿Abominable? Creo que quieres decir adorable.

El yeti camina sobre dos piernas como el ser humano. Pero los informes dicen que tiene una cara como la de un simio. Los críptidos miden aproximadamente 6 pies (1,8 metros) de alto. Tienen muchos músculos. Sus cuerpos voluminosos probablemente pesan entre 200 y 400 libras (de 90 a 180 kilogramos).

Um, ¿por qué camina así ese simio?

PIES HELADOS

Los yetis no necesitan botas para jugar en la nieve. Pisan fuerte con sus pies descalzos. Mucha gente ha informado haber visto huellas en el Himalaya. Algunas de las huellas más pequeñas miden 13 pulgadas (33 centímetros) de largo. Una de las más grandes mide 32 pulgadas (81 centímetros).

Huellas de yeti de 1951

MANÍA POR LOS YETIS

En 1951, el escalador británico Eric Shipton estaba escalando el Monte Everest. Vio algo extraño en la nieve. ¡Era un rastro de huellas enormes! Tomó fotografías de las huellas. Las imágenes fueron noticia en todo el mundo. El yeti se convirtió en un éxito mundial.

Eric Shipton en el Himalaya

LA CAZA HA COMENZADO

Desde la década de 1950, al menos cuatro búsquedas importantes han buscado yetis. Ninguna ha arrojado **pruebas** firmes de una bestia de montaña. Pero en 1959, un cazador de monstruos estadounidense consiguió un objeto apestoso. Su grupo encontró lo que creyó que era excremento de yeti. ¡Qué asco!

DATO
En 1986, un excursionista tomó fotografías de lo que pensó que era un yeti. Más tarde regresó y descubrió que acababa de ver una roca.

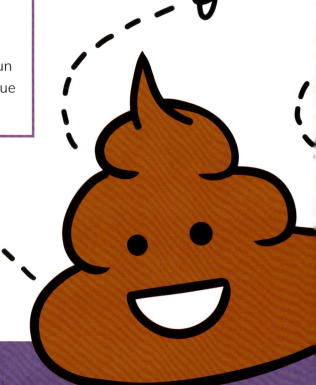

CIENCIA SERIA

¿Tienen pruebas? En 2013, el científico británico Bryan Sykes hizo un llamamiento para conseguir pelos de yeti. La gente envió pelos de críptido. Sykes analizó 37 muestras. Resultó que todos los pelos coincidían con los de animales conocidos. Muchos pertenecían a osos. ¿Podría el yeti ser más oso que simio?

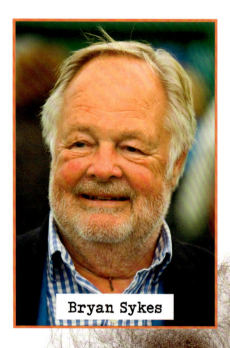

Bryan Sykes

DATO

En 2011, científicos escoceses analizaron lo que se decía que era un antiguo dedo de yeti. En realidad, era humano.

EN TODO EL MUNDO

¿Tendrán los yetis familia en todo el mundo? En América del Norte, la gente ha visto a Pie Grande. Este críptido tiene un pelaje largo y marrón. ¡Tiene pies GRANDES! ¿Te suena familiar? Algunas personas piensan que Pie Grande y los yetis son el mismo tipo de animal. Otros dicen que el yeti es más bajo. ¿Son primos estos críptidos? ¡Quizás!

> **DATO**
> En todos los continentes, excepto la Antártida, se han visto críptidos peludos parecidos a simios.

¡ES TIEMPO DE NIEVE!

Los yetis viven en Asia, pero aparecen de repente en Hollywood. El críptido protagoniza el especial navideño *Rodolfo, el reno de nariz roja*. Aparece en películas, como *Abominable*. ¡Incluso aparece en una caricatura de Bugs Bunny!

Si sigues huellas nevadas, ¿te encontrarás con el yeti en persona? ¿Qué opinas tú?

¡Qué película más bonita, pero me han representado mal el pelo!

GLOSARIO

abominable (a-bo-MI-nable): tan malo o desagradable que provoca odio o te hace sentir enfermo

criatura (cria-TU-ra): un animal extraño

críptido (críp-TI-do): un animal cuya realidad no ha sido probada por la ciencia

leyenda (le-YEN-da): una historia que se transmite a través de los años que puede o no ser completamente cierta

lugareño (lu-ga-RE-ño): una persona que vive en un lugar determinado

prueba (PRUE-ba): algo que ayuda a demostrar que una afirmación o idea es verdadera

testigo (tes-TI-go): una persona que ha visto u oído algo

SOBRE EL AUTOR

Benjamin Harper vive en Los Ángeles, donde se gana la vida editando libros de superhéroes. Cuando no está trabajando, escribe, ve películas de monstruos y pasa el rato con sus gatos Marjorie y Jerry, un pez betta llamado Toby y peceras llenas de tritones de piel áspera y orientales.

ÍNDICE

Alejandro Magno, 10
alpinistas, 12, 20, 22
apariencia, 6, 7, 14, 16
Asia, 4, 7, 8, 28

búsquedas, 22

caca, 22
científicos, 24

fotos, 20, 22

Himalaya, 7, 8, 10, 12, 18, 20
hogares de, 6, 7, 8, 10
huellas, 12, 18, 20, 28

leyendas, 10

Monte Everest, 8, 20

nombres, 6, 7, 12

osos, 24

pelaje, 6, 7, 14, 24, 26
películas, 28
Pie Grande, 26
pies, 6, 7, 18, 26

Shipton, Eric, 20
simios, 16, 24
Sykes, Bryan, 24